Christa Spilling-Nöker

Hoffnung, die trägt

Christa Spilling-Nöker

Hoffnung, die trägt

Ein Begleiter in schwerer Krankheit

HERDER

FREIBURG · BASEL · WIEN

www.herder.de

Umschlaggestaltung: excogito. Freiburg im Breisgau
Umschlagmotiv: © gordonBelow / Photocase.com

Satz: post scriptum, Emmendingen / Hinterzarten
Herstellung: Graspo CZ, Zlin

Printed in the Czech Republic
ISBN 978-3-451-31319-6

Inhaltsverzeichnis

Vorwort

Solange wir gesund waren und unser Leben in der Erfüllung unserer alltäglichen Aufgaben zu gestalten vermochten, konnten wir uns nicht vorstellen, dass uns eine schwere Krankheit von heute auf morgen aus dem gewohnten Lebensrhythmus reißen würde. Wir sind zutiefst erschrocken und fühlen uns der neuen Situation gegenüber ohnmächtig. Ängste treiben uns um, vielleicht auch die vor dem Tod.

Wie können wir mit diesem Bruch in unserem Leben umgehen? Stürzen wir ins Bodenlose oder gibt es Hilfen, damit zu leben? Haben wir Menschen, die uns liebevoll beistehen oder fühlen wir uns von Gott und der Welt verlassen und können nur noch schreien und weinen vor Furcht und Verzweiflung? Das vorliegende Buch nimmt solche Gefühle auf und bewegt dazu, sich mit seiner Erkrankung auseinanderzusetzen und dabei die unterschiedlichsten Gefühle zuzulassen, bis wir schließlich das Unvermeidliche annehmen, neue Zeichen an Hoffnung und Lichtblicken wahrnehmen und etwas an verloren geglaubter Lebensfreude zurückgewinnen können.

Wenn die Dunkelheit
sich wieder breit macht in dir
und die Verzweiflung
in deiner Seele
kein Ende nimmt,
dann schaue hinauf
zu den Sternen.
Es gibt keine Nacht
ohne Spuren an Licht.

Christa Spilling-Nöker

I. Verzweifeln und Fragen

Der Mensch verschanzt sich gegen sich selbst.

Rabindranath Tagore

Ich will es nicht glauben

Das kann nicht sein:
Es sind doch immer nur
die anderen,
die eine schwere Krankheit
zu ertragen haben –
wieso bin ich jetzt
plötzlich selbst betroffen?
Ich will's nicht glauben
und werde neue Diagnosen
stellen lassen.
Ganz sicher werden die Befunde
mir dann bescheinigen,
dass ich im Grunde
kerngesund
und voll bei Kräften bin.

Liebe schenkt Licht

Am Anfang wollte ich
die Diagnose gar nicht glauben,
ich war mir sicher,
die Ärzte hätten sich geirrt.
Erst nach und nach gelangte ich
zu dem Bewusstsein,
dass meine bisherige Art,
mein Leben zu gestalten,
für alle Zeit vorüber ist.
Die Trauer über die Begrenzung
meiner Möglichkeiten
kostet mich auch heut' noch
immer wieder Tränen
und verfinstert mir den Tag.
Doch wenn ich spüre,
dass meine Liebsten,
dass meine Freundinnen und Freunde
in alter Treue zu mir halten,
geht mir am dunklen Himmel
– trotz allem –
ein Stern in meiner Seele auf.

Sterne in der Nacht

Mit einem Schlag bin ich
aus der gewohnten Lebensbahn
gerissen worden.
Ich hatte noch so viele Pläne
und Träume von all dem,
was ich gern unternehmen,
welche Ideen ich
gestalten wollte.
Jetzt hat die Unsicherheit
von mir Besitz ergriffen,
ob es mir möglich sein wird,
auch nur eines meiner Ziele
zu erreichen.
Ach, möge mir der Himmel
doch noch viele helle Sterne
in meine dunklen Nächte streuen,
damit die Hoffnung auf Genesung
mich durch und durch
erfüllt.

Träume erfüllen

Die Nachricht über den
bedrohlichen Zustand
deiner Krankheit
hat dich zunächst all deiner Kräfte
und deiner Lebensenergien
beraubt.
Doch Vieles von all dem,
was du seit Langem schon
in Angriff nehmen
und gestalten wolltest,
ist dir jetzt noch möglich.
Nimm die Gelegenheiten wahr
und fülle deine Tage
mit der Verwirklichung
von ungelebten Träumen,
damit du eines Tages
nicht darüber klagen musst,
du hättest zu früh aufgegeben
und dadurch Wesentliches
aus eigener Schuld
versäumt.

Die Nacht,
In der
Das Fürchten wohnt,
Hat auch
Die Sterne
Und den
Mond.

Mascha Kaléko

Du Kraft aus der Tiefe

Tag und Nacht
quälen mich
immer wieder
die gleichen Fragen:
Wie lange noch
muss ich die Schmerzen
an Leib und Seele
ertragen,
wie lange noch
kann ich mich den
dunklen Mächten,
die nach mir
greifen wollen,
wirklich entziehen?

Du aber,
Kraft aus der Tiefe,
entreiße mich
den Ungewissheiten
irrlichternder Nachtfahrt
und erhelle mir
meinen getrübten Blick
auf das Licht
deiner Hoffnung,
damit ich die Furcht
überwinde
und mein Herz
von deiner rettenden Hilfe
ein Lied singen kann.

Nach Psalm 13

II. Sich Weigern und Aufbegehren

Lass mich nicht bitten,
vor Gefahr bewahrt zu werden,
sondern ihr furchtlos zu begegnen.
Lass mich nicht das Ende der Schmerzen erflehen,
sondern das Herz, das sie besiegt.

Rabindranath Tagore

Wer kann mir helfen

Mit allen Kräften
will ich mich dagegen wehren,
dass meiner Krankheit
keine Heilung mehr
beschieden ist.
Wie kann ich damit weiterleben,
wenn völlige Genesung
nicht mehr in Aussicht steht?
Wer kann mir helfen,
wer mich retten?
Ich möchte so gern glauben,
dass alles nur
ein Irrtum ist.

Würde bewahren

Wenn du am Morgen erwachst,
weißt du, dass sich wieder Stunden
vor dir ausbreiten,
in denen du dich mit der Bewältigung
alltäglicher Verrichtungen
mühevoll abquälen musst.
Immer wieder aufs Neue
nimmst du den Kampf auf,
um dir ein Stück Selbstständigkeit
und damit zugleich
deine Selbstachtung zu bewahren.
Deine Tapferkeit
darf dich stolz machen darauf,
dass dir tagtäglich ein Leben
in menschlicher Würde gelingt.

Bewundernswert

Was sind die Leistungen
gesunder Menschen
gegen deinen Kampf,
dem Leben Tag für Tag
ein paar Augenblicke
an gestalterischen Möglichkeiten
abzutrotzen,
aus denen dir dann wieder
Sinn erwächst.
Du bist
bewundernswert.

Die Seele aufatmen lassen

Nicht abstumpfen
in der Monotonie des Alltags,
in der ständigen Wiederkehr
ärztlicher Visiten,
Behandlungen
und therapeutischer Übungen.
Immer wieder aufbegehren
gegen die Lähmungen,
jeden Tag die inneren Krücken
für eine Weile fallen lassen
und der Seele
ein Aufatmen schenken.

Dem Leiden die Stirn bieten

Jeder neue Tag
fordert dich
mit all deinen Kräften
dazu heraus, ihn
– all deinen Ängsten zum Trotz –
zu bestehen
und ihm etwas Gutes
abzugewinnen.
Ich wünsche dir,
dass dich viele ermutigende
und hilfreiche Worte
und Gesten erreichen,
die dein Vertrauen stärken,
so dass du deinem Leiden
die Stirn bieten kannst.

Momente der Freude

Ich wünsche dir
einen freundlichen Tag –
trotz all der Bangigkeit,
die dich gefangen nimmt.
Mögen dir viele kleine
Augenblicke der Freude
geschenkt werden,
zahlreiche ermutigende
und wärmende Worte
dein Herz finden,
damit du die kommende Zeit
wenigstens ertragen kannst
und den Mut findest,
auf eine Zukunft zu hoffen,
für die zu kämpfen
sich lohnt.

Die Nacht wird nicht ewig dauern.
Es wird nicht finster bleiben.
Die Tage, von denen wir sagen,
sie gefallen uns nicht,
werden nicht die letzten Tage sein.

Helmut Gollwitzer

Du – mein Licht

Ich blicke hinauf
zu den Bergen, deren Gipfel
bis in den Himmel
emporragen und frage:
„Woher kommt Hilfe?“
Wo spüre ich die Kraft,
die alles Sein
ins Leben gerufen hat?
Meine Schritte tasten umher,
sie suchen nach Sicherheit
in einer Zeit,
in der für mich so vieles
in Frage steht
und der Blick in die Zukunft
mir Angst macht.
Ich vertraue darauf,
dass du mich nicht
aus den Augen
deiner Liebe verlierst.

Die Schatten, die jetzt
über meinem Leben liegen,
können mir nichts anhaben,
denn das Licht
des Himmels
wird sie vertreiben
bei Tag und bei Nacht.

Nach Psalm 121

III. Weinen und Klagen

Der Morgen hat die Augen verschlossen,
vergebens hat ihn der Wind geweckt;
wer hat über den schamlos blauen Himmel
die dunklen Wolken ausgestreckt?

Rabindranath Tagore

Traurigkeit

In all den aufmunternden
und gut gemeinten Worten,
die mich erreichen,
finde ich keinen Trost.
Wer mich besucht,
der kann gesund wieder
nach Hause gehen –
das mehrt nur noch den Schmerz,
dass solche Schritte
mir versagt sind,
das, was mir bleibt,
ist eine tiefe Traurigkeit.

Abschied nehmen

Der Abschied
von deinem bisher
recht unbeschwerten Leben
braucht seine Zeit.
Du kannst und willst
nicht glauben,
was dir widerfahren ist.
Du haderst mit der Welt
und auch mit dir.
Dein Kummer lässt dich
aufbegehren:
Du fragst, warum
muss gerade mich
dies schwere Schicksal
treffen –
um endlich deinen Schmerz
herauszuschreien,
bis du am Ende nur noch
weinen
und Ja zu deinem Schicksal
sagen kannst.

Den Tränen Zeit lassen

Manchmal einfach nur
daliegen,
die gewaltige Wucht
innerer Bilder ertragen,
die blitzartig
Erinnerungen
aufsteigen lassen.
Dankbar sein können
für die hellen Momente
der Vergangenheit,
die dem Leben
Freude und Farbe
verliehen haben.
Und dann den Tränen
Zeit lassen,
viel Zeit –
um nach und nach
von allem, was früher war,
Abschied zu nehmen.

Gefühle zulassen

Mögest du dich
nicht beirren lassen
durch Menschen,
die meinen, du habest jetzt
besonders tapfer zu sein.
Lass deinen Gefühlen
freien Lauf:
Weine, klage und schreie,
wenn dir danach
zumute ist.
Wer leidet, braucht sich nicht
als Held zu geben.

Weinen dürfen

Dein Kummer ist so groß,
dass du gar nicht weißt,
wo du damit hinsollst.
Lass all die aufgestauten Tränen
endlich fließen –
es ist ja keine Schande,
zu weinen.
Denn wenn die Tränen strömen,
kommt in dir wieder
etwas in Bewegung –
die Erstarrung kann sich lösen,
und der Schmerz
lässt langsam nach.

Sehnsucht nach Heilung

Ich schreie meine Angst
und meine Verzweiflung
zum Himmel hinauf,
wirst du mich hören, mein Gott?

Warum, frage ich immer wieder –
warum gerade ich?
Warum schon jetzt?
Ich hatte noch so viele Pläne!

Wer wird meine Tränen abwischen,
den Mantel der Verbitterung von mir reißen,
meine Klagen erhören
und zum Verstummen bringen?

Ich nehme dich beim Wort, mein Gott,
dass alles neu werde –
heile und errette mich –
heute und hier!

Rückblick

Als ich gesund gewesen bin,
fand ich stets einen Grund
zum Jammern und zum Klagen,
ich habe mich an Kleinigkeiten
aufgerieben,
war unzufrieden mit dem Leben
und mit mir.
Jetzt wär' ich froh,
ich hätte nur die winzigen Probleme
der vergangenen Zeiten –
heut' könnte ich darüber lachen,
wenn mir nicht immer wieder
mehr zum Weinen
zumute wär.

Wo finde ich Hilfe?

Wer hat mich an diesen
Abgrund getrieben,
aus dem kein Entkommen
mehr scheint?

War denn vergeblich
all mein Lieben,
dass mein Herz jetzt
nur noch weint?

Wo finde ich eine Hand,
die mich hält,
wenn alle Hoffnung
zerbricht?

Ich suche sie
in dem Urgrund der Welt –
und träume von Hoffnung
und Licht.

Wie dein Leiden sich mehrt,
so mehrt sich die Kraft, es zu tragen.

Johann Kaspar Lavater

Warum hast du mich verlassen ?

Warum hast du
mich verlassen?

Des Nachts
schreie ich
in das dunkle Loch
der Leere,
schwarze Wände
stürzen mir entgegen –
Angst würgt,
schnürt die Kehle zu.
Jeder Ruf
verhallt im Nichts
und erstickt
im Hoffnungstod.

Dennoch
will ich dir
vertrauen,
dass mich deine Hand
aus dem Boden
des Entsetzens hebt,
dass mein Mut
sich wieder sammelt,
und mein Leben
sich mit neuen
Kräften füllt.

Nach Psalm 22

IV. Sich Nähern und Wahrnehmen

Die Sterne sagen: Ich entzünde mein kleines Licht.
Ob das Dunkel schwindet, das frag mich nicht.

Rabindranath Tagore

Hoffnung auf Licht

Mein Mut hat mich verlassen,
die Hoffnung gleicht nur noch
einem verdorrten, müden,
blätterlosen Baum.

Ich sehne mich danach,
dass mir noch einmal
eine einzige Blüte aufgeht –
ein bescheidener Lebenstraum.

Das Klagen ist vorüber,
der Schmerz durchschreit mich,
ohne dass ich Worte dafür finde;
die letzte Träne hab' ich geweint.

Noch aber bin ich da –
wenn doch die Nacht vorüberginge,
damit mir in der Morgenstille
ein Licht ins Herze scheint.

Augenblicke des Trostes

Manchmal tröstet mich
die Stille,
wenn aus den Baumwipfeln
nur der Gesang der Amsel
ertönt.

Manchmal trösten mich
die Freunde,
wenn ich Worte vernehme,
die meine Seele
erfrischen.

Manchmal tröstet mich
deine Nähe,
wenn ich deine Zärtlichkeit spüre
und mich dein Streicheln
berührt.

Kleine Lichtblicke

Mein Leben habe ich
stets selbstständig gemeistert,
ich habe immer wieder Neues angepackt
und dadurch viel erreicht.
Jetzt muss ich mir bei jedem Handgriff
helfen lassen,
bin fortwährend, selbst im Intimsten,
auf fremde Menschen
angewiesen –
ich weiß nicht, wie ich diesen Zustand
noch jahrelang ertragen soll.
Gelegentlich ein kleiner Lichtblick,
ein Mensch, der meine Wange streichelt,
das ist für mich schon viel.

Freude an kleinen Dingen

Ich muss so viele Stunden
täglich liegen
und nehme an dem Leben draußen
nur noch durch Fensterscheiben
und durch die Medien teil.
Doch freue ich mich täglich
an einem Lächeln
der freundlichen Betreuer,
an ihrer aufmerksamen Art,
mich liebevoll zu pflegen,
an dem Geschmack von Kaffee
und an dem Duft von Obst.

Sich Schönes gönnen

Manchmal verzweifelst
du daran,
dass deine Kräfte nach und nach
immer weniger werden
und du so schnell müde wirst.
Schenke dir Ruhe
und gönne dir den nötigen Schlaf,
damit du an jedem Tag
auch etwas
mit wachen Sinnen
genießen kannst:
ein schmackhaftes Essen,
Musik, die Du magst
oder einen spannenden Film.

Zuwendung spüren

Deine Hilflosigkeit
und das Angewiesensein
auf die Unterstützung
anderer Menschen
machen dir schwer zu schaffen.
Vielleicht
kannst du eines Tages
dankbar sein dafür,
dass es Menschen gibt,
die für dich da sind,
die dich pflegen
und betreuen,
weil du darin auch etwas
an Zuwendung
oder gar an Liebe
verspürst.

Traue nicht deinen Augen
Traue deinen Ohren nicht
Du siehst Dunkel
Vielleicht ist es Licht

Bertolt Brecht

Du – meine Zuflucht

Meine Gebete
und mein Flehen
um Gnade
steigen ohne Unterlass
zum Himmel empor.
Der Feind in meinem Körper
raubt mir den Lebensmut,
die Angst vor dem Tod
lässt mir Herz und Gemüt
schier erstarren
und scheint schon jetzt mich
zu begraben.
Ich denke an deine Treue
in all den vergangenen Jahren
und hoffe darauf,
dass du mir auch jetzt beistehst
und mir Geborgenheit schenkst.
Führe mich heraus
aus der Verzweiflung,
töte ab,
was mein Leben bedroht
und zeige mir wieder neu
den Weg des Vertrauens
zu dir.

Nach Psalm 143

Das wahre Ziel ist nicht,
die äußerste Grenze zu erreichen,
sondern eine Vollendung,
die grenzenlos ist.

Rabindranath Tagore

V. Suchen und Tasten

Hoffen und Bangen

Die Abgeschiedenheit von dem,
was mich tagtäglich umgetrieben hat,
lässt mich jetzt nach und nach
zur Ruhe kommen.
Meine Gedanken kreisen darum,
wie ich bisher gelebt habe,
wie ich mit mir selbst
und mit anderen Menschen
umgegangen bin.
Wird mir noch eine neue Perspektive
geschenkt werden
oder muss ich mich damit abfinden,
dass das nun *alles* gewesen ist?
Hoffen und Bangen
wechseln sich miteinander ab –
doch die Zuversicht lässt sich
nicht unterkriegen.

Ziele finden

Es quält mich,
dass ich nicht mehr
so viel leisten kann
wie einst.
Manchmal habe ich das Gefühl,
dass mein Leben bedeutungslos
geworden ist,
sinnlos und leer.
Ich suche nach einer Aufgabe,
die ich zu erfüllen vermag
und nach einem Ziel,
das ich mit meinen Möglichkeiten
erreichen kann.

Den Tag bestehen

Jeden Morgen stehst du
– allen Schmerzen zum Trotz –
wieder auf
und suchst dir eine Beschäftigung,
die dir Freude macht,
so dass du am Abend sagen kannst:
Auch an diesem Tag
habe ich etwas bewältigt,
das mir Zufriedenheit schenkt.

Den Augenblick genießen

Tag für Tag
will von dir in den Griff bekommen
und mit all seinen Einschränkungen
gemeistert werden.
Ich wünsche dir,
dass es dir mehr und mehr gelingt,
dich in Gedanken
gelegentlich
von deinen Schmerzen abzulenken,
damit du dann und wann
den Augenblick genießen
und daraus neue Kräfte
schöpfen kannst.

Kraft für den Tag

Es ist nicht leicht für dich,
die schwere Zeit jetzt
zu ertragen,
mit der so viele Ängste
und Sorgen
verbunden sind.
Ich wünsche dir die Kraft,
die vielen Untersuchungen,
die für dich ansteh'n,
geduldig zu ertragen –
und für die Zukunft
noch Möglichkeiten
zu entdecken,
aus denen frische Hoffnung
grünt.

Was dich hält

Die Nacht schenkt dir
bisweilen keine Ruhe,
des Tags quälen dich Schmerzen –
und Stund' um Stunde
kämpfst du
dagegen an.
Und dennoch suchst du
immer wieder nach einem Satz,
einem Gedanken, der dir guttut,
nach einem kleinen Ziel,
das zu erreichen dich
mit Sinn erfüllt.
Du freust dich an der Aussicht
aus dem Fenster,
am Baum vor deinem Haus,
der dir mit seinem Laub
den Wechsel der Jahreszeiten kündet,
am Spiel der Sonnenstrahlen,
wie es den Raum
mit Licht und Schatten füllt.
Mögen dich diese Kräfte
noch so lange halten,
wie dich dein Lebenswille
mit deinem Leid versöhnt.

Der eine sieht nur Bäume,
Probleme dicht an dicht.
Der andere Zwischenräume
und das Licht.

E. Matani

Du – mein Halt

Du
bist der Halt
in meinem Leben.
Ausruhen darf ich
auf saftigen Wiesen
und in der Sonne träumen,
weil ich mich vor nichts
fürchten muss.
Was immer mich
in die Tiefen der Dunkelheit
von Angst, Schmerz
und Schuld treibt,
werde ich durchstehen –
wer immer mich
in meiner Person
angreift,
wird mich nicht treffen,
denn in der Gewissheit
deiner Verlässlichkeit
darf ich mich
geborgen fühlen
ein Leben lang.

Nach Psalm 23

VI. Sich Festhalten und Annehmen

Eines Tages werden wir wissen, dass der Tod uns nie das rauben kann, was unsere Seele gewonnen hat, denn ihr Gewinn ist eins mit ihr selbst.

Rabindranath Tagore

Sich in Geduld üben

Nicht länger aufbegehren
gegen das Leiden
und dabei Kräfte verbrauchen,
die notwendig sind,
um dich in Geduld zu üben.
Dich nach und nach
damit abfinden,
dass eine grundsätzliche Heilung
nicht möglich sein wird.
Ja sagen zu dem, was ist:
die Stunden durchatmen,
das Licht des Augenblicks
einfangen,
immer wieder
ein Wort der Liebe finden
und sich darin gewiss sein,
dass jeder Tag
ein ganzes Leben ist.

Dem Tag Freude entlocken

Du bist jetzt schon
so lange krank
und mühst dich darum,
jedem Tag
ein wenig Freude zu entlocken
und dich an Schönem
zu erfreu'n.
Möge dir diese Kraft
noch lange Zeit
erhalten bleiben,
damit du spürst,
dass sich dein Leben,
so eingeschränkt,
wie es nun einmal ist,
doch immer wieder lohnt.

Zur Ruhe kommen

Dir ist nun Vieles
nicht mehr möglich
von dem, was dich einst
Tag für Tag beschäftigt
und deine Zeit beansprucht hat.
Du bist jetzt auf dich selbst
zurückgeworfen,
um dein bisheriges Leben
zu überdenken
und dich auf Wesentliches
zu besinnen:
Beziehungen wollen
in neuem Licht gesehen
und Worte von Liebe
und Vergebung bedacht
und ausgesprochen werden,
so dass du innerlich
zur Ruhe kommst
und Frieden mit dir schließt.

Frieden finden

Du weißt,
dass deine Tage
gezählt sind:
Darum bedenke,
von wem du Abschied
nehmen willst
und welches deiner Worte
dem anderen
als eines deiner letzten
im Gedächtnis
bleiben soll.
Versöhne dich mit denen,
die dich einst verletzt,
gekränkt oder
beleidigt haben,
bitte auch selber
um Vergebung,
damit du deinen letzten Weg
in Frieden gehen kannst.

Das Leben annehmen

Eines Tages das Leben
annehmen können,
wie es nun einmal ist.
Aus den Erfahrungen
und Begegnungen,
die man in der letzten Zeit
gemacht hat,
Kraft und Mut schöpfen,
um anderen Menschen
mit gleichem Leiden
liebevoll beizusteh'n.

Dankbar zurück blicken

Wenn ich die gesunden Jahre
im Erinnern nacherlebe,
spüre ich, wie tief zerrissen
ich im Innern dabei bin.
Die Heiterkeit vergangener Tage
ist gewichen,
es schmerzt mich,
dass ich viele Freuden
niemals mehr erleben kann.
Doch zugleich
bin ich dankbar
für all das Schöne
und Genussvolle,
das ich einst erfahren durfte:
Ich träume mich zurück
zu weiten Reisen,
zu Festen und zu Feiern
und zu gelebtem Liebesglück.

Gott gibt uns Erinnerungen,
damit wir Rosen im Winter haben.

Unbekannte Quelle

Dir sei Dank

Ich will dir danken
und dich loben,
denn du hast
meine Bitte erhört
und mir die Kraft
dazu geschenkt,
dass ich diesen Tag
gelassen und mutig
angehen kann.
Wenn ich nicht mehr
aus noch ein weiß,
brauche ich mich
nicht zu fürchten,
denn ich kann mich
auf deinen Beistand
verlassen.
Dir sei Dank
für deine Güte
und Gnade.

Nach Psalm 138

VII. Hoffen und Wagen

Glaube ist der Vogel, welcher singt,
wenn die Nacht noch dunkel ist.

Rabindranath Tagore

Still werden

Still werden
und die Gedanken
schweifen lassen –
zu dem Glück
vergangener Zeiten
und den Fragen,
die offen geblieben sind –
zu den erreichten Zielen
und den unerfüllten Träumen –
zu den Segnungen
und Enttäuschungen,
die das Leben
im Laufe der Jahre
mit sich gebracht hat –

und endlich
auf ein Wort hoffen,
das die Zuversicht nährt.

Pflanze des Glücks

Heute wird mir bewusst,
was für ein Reichtum
an beglückenden Erfahrungen
sich im Alltäglichen verbirgt
und wie selbstverständlich ich
solche kleinen Freuden bisher
hingenommen habe,
ohne ihre Bedeutung
und ihren Wert zu erkennen.
Ach, könnte mir doch jetzt
nur eine solche kleine Pflanze
des Glücks erblühen
und gedeihen –
ich will sie achten
und bewundern lernen,
damit die Hoffnung
wieder keimt und blüht.

Trostvoller Tag

In manchen Nächten
ist der Himmel
von Wolken verfinstert,
so dass du den Glauben
an das Licht und Leuchten
der Sterne verlierst.
Aber der Wind treibt
die Wolken davon –
und das Licht des Morgens
berührt auch dich
mit der Hoffnung
auf einen trostvollen Tag.

Mit geöffneten Händen

Wenn du den Tag
mit geöffneten Händen
empfängst,
dann wird sich die Ruhe
in deine Arme legen;
Augenblicke der Freude
werden dir vom Himmel
ins Herz fallen –
und die Zuversicht wird dich
mit einem Lächeln
begrüßen.

Leben ist ein Geschenk

Mögen dir helle Töne
aus dem Himmel fallen
und deine Seele
regenbogenfarbenbunt
berühren,
so dass du spüren kannst,
dass dein Atmen,
Hoffen, Lieben
auch in dieser Stunde
ein Geschenk
für dich sind.

Träume von einem Wunder

Manchmal lebe ich
in den Erinnerungen,
träume mich hin
zu all dem, was an Schönem
geschah.

Manchmal vergesse ich
meine Angst
und entlocke der Gegenwart
kleine Momente
des Glücks.

Manchmal träume ich,
dass ein Wunder geschieht
und sich mir das volle Leben
noch einmal
neu schenkt.

Die Hoffnung ist der Regenbogen
über den herabstürzenden Bach
des Lebens.

Friedrich Nietzsche

Du – Kraft der Erlösung

Noch einmal
davon gekommen –
der Schwermut
mit all ihren erdrückenden
Todesgedanken,
den Ängsten,
die keinen Ausweg
mehr sahen,
der Verzweiflung,
die im Dasein
keinen Sinn mehr
erkennen ließ.

Auferstanden
aus der würgenden Nacht
der Qualen –
wieder erwacht
zur Freude am Sein –
verwandelt
zu einem Leben,
in dem ich
den feiern kann,
der mich wieder
neu aufatmen lässt –
Kraft der Erlösung.
Du – !

Nach Psalm 30

Nachwort

Oasen für die Seele

Sich Oasen
für die Seele suchen:
Rosenduft atmen,
Sterne bestaunen,
Liebesworte umarmen
und Träume
von den Bäumen
der Hoffnung pflücken.

Quellenangaben

Texte:
Seite 13, Die Nacht von Mascha Kaléko, aus:
Dies., In meinen Träumen läutet es Sturm, (dtv 1294),
© Deutscher Taschenbuchverlag, München 1977
Seite 22, Die Nacht wird nicht ewig dauern von Helmut Gollwitzer, aus: Ders., Die Nacht wird nicht ewig dauern. Hoffnungstexte, © Aktion Sühnezeichen/Friedensdienste 1988
Seite 45, Traue nicht von Bertolt Brecht, aus:
Ders., Gesammelte Werke Bd. 14, © Suhrkamp Verlag, Frankfurt am Main 1967

Bilder:
S. 8–9, © Andreas Färber, www.post-scriptum.biz
S. 16–17, © Zacarias da Mata, Fotolia.com
S. 26–27, © iKaScH, Photocase.com
S. 38–39, © klagyivik, Fotolia.com
S. 48–49, © Nailia Schwarz, Fotolia.com
S. 58–59, © Andreas Färber, www.post-scriptum.biz
S. 68–69, © Jenny Sturm, Fotolia.com
S. 78–79, © Yuriy Poznukhov, Fotolia.com
S. 7, 14, 24, 36, 46, 56, 66, 76, © graphix, Pitopia.com

In wenigen Fällen ist es uns trotz großer Mühen nicht gelungen, alle Inhaber von Urheberrechten und Leistungsschutzrechten zu ermitteln. Da berechtigte Ansprüche selbstverständlich abgegolten werden, ist der Verlag für Hinweise dankbar.